AF267031

CATALOGUE
DES
LIVRES

François, Italiens,

Anglois & Hollandois,

Qui se trouvent à vendre

---

chez *J: G: BAERSTECHER,*

Libraire à *CLEVES.*

1771.

AVERTISSEMENT.

EN préſantant ce Catalogue au Public, dont le Libraire tachera de fournir de tems en tems la Suite, pour ſervir de Supplement, il prie les Amateurs de la Lecture de ne point ſe borner dans leurs Demandes anx Articles, qui ſe trouvent deſignés dans cet préſent Catalogue, il offre de même de procurer & fraie venir au plutot poſſible les livres qu'il n'auroit pas, pour contenter, autant qu'il eſt en ſon pouvoir, les Perſonnes, qui veulent bien l'honorer de leurs ordres. Le payement ſe ſera en argent de Cleves la Valeur du Ducat 3. Ecus 30. Sous ou 5. florins 5. ſous d'Hollande.

NB. On peut ſouſcrire actuellement chez lui pour *les Oeuvres du Comte Allgarotti, 7 vol. 8.* & pour *la nature conſidereé ſous ſes Differens Aspects*, ou Lettres ſur les Animaux, les Végétaux & les Mineraux, & Ouvrage Périodique. Commencé l'Anneé. Courante à Paris; Les prospectus de cet Ouvrages ſe diſtribuent gratis.

Auſſi pour l'Encyclopedie, ou Dict-univerſel gr. in fol. & gr. in 4°.

C A-

CATALOGUE

DES

LIVRES FRANCOISES:

A.

Abrégé de l'Histoire Ecclesiastique de Fleury, trad. de l'Angl. gr. 12. à Berne. 766. 1. Ecu 50. ſ.

—————— de toutes les sciences à l'usage des Adolescens & de tous ceux qui veulent c'inſtruire, 6 tom. 8. a Berlin 770.-71. 5 Ecus 25. ſ.

—————— de la Vie & du ſysteme de Gaſſendi par Mr. de Comburat, gr. 12 a Bouillon 770. - - - - - 40 ſ.

—————— des Principes de la Grammaire Françoiſe par Mr. Reſtaut, gr. 12 a Lauſanne 759. - - - 18 ſ.

—————— Chronologique des Epoques des Inventions & des Decouvertes des Arts & des Sciences, fr. & Holl. gr. 12 Amſt. 770. 12 ſ.

—————— de l'Histoire St. & du Catechisme par Oſterwald gr. 12 a Neuth. 768. 15 ſ.

—————— de l'Histoire de France depuis Faramond jusqu'au Regne de Louis le Grand, 7 vol. 12 a Lyon 1745. - 3 Ecus 30 ſ.

A   Abré-

Abrégé de Physique par Mr. Formey, tom. I. 8. a Berlin 770. - - - 56 ſ.

———— de l'Hiſtoire univerſelle trad. du Latin. de Turſellin par l'Abbé Langneau, 4 tom. gr. 12. a Paris 1757. - 4 Ecus 56 ſ.

———— Chronologique de l'Hiſtoire d'Angleterre avec des Notes & l'Explication des uſages qu'on y obſerve par Mr. D. C. relié 8 gr. Amſt. 730. - - 5 Ecus 20 ſ.

l'Académie de l'ancienne & nouv Eloquence, 2 vol. 12. a Lyon 656. - - 50. ſ.

Adelaïde ou l'amour & le répentir, anecdote volée par Mr. de M . . . gr. 8. avec fig. a Amſt. 769. - - - 1 Ecu.

———— de Guesclin, trag. gr. 8. 765. 20 ſ.

Ah quel Conte! conte politique & Aſtronomique par Mr. de Crebillon, 8 part. 2 vol. 8. a Brux. 755. - - - 2 Ecus 10 ſ.

l'Amant deguiſée ou le Jardinier ſuppoſé, Comédie, gr. 8. a Copp. 770. - 12 ſ.

Amants (les) malheureux, ou le Comte de Comminges, Drame par Mr. d'Arnaud, 3eme ed. gr. 8. a la Haye 767. - - 45 ſ.

l'Amérique (de) & des Américains ou Obſervations curieuſes du Philoſophe la Douceur qui a parvenu cet hémiſphere pendant la dernie-re Guerre, en faiſant le noble métier de tuer des hommes ſans les manger, 8. a Berlin 1771 - - - - 12 ſ.

l'Ami du Prince & de la Patrie, ou le bon Citoyen par Mr. Defapt, gr. 8. a Paris 769. 1 Ecu.

———— de la Fortune ou Memoires de Marquis S. A. S. 12 a Londres 757. 1 Ecu 25 ſ.

Ami-

Amiles ou la graine d'hommes qui sert a peupler les Planetes, 3 vol. 12. a Lunnev. 765.   45 s.

Amis (les deux) ou le Comte de Miralby, 4 part. gr. 12. a Amst. 771.   -   2 Ecus 45 s.

l'Amitié a l'épreuve, Comedie en 2 actes & en vers, melées d'Ariettes, 8. a Paris 770 20 s.

Amours (les) de Sainfroid, Jesuise & d'Eulatie, fille devote, hist. veritable, 12. la Haye 1760.   -   -   -   -   36 s.

Amusemens (nouv.) des Eaux minerale de Spa par Mr. de Limbourg, av. fig. 12. gr. Paris 763.   -   -   -   1 Ecu 30 s.

———— de Litterature, de morale & de politique par Mr. Valtel, 8. la Haye 765. 25 s.

———— (les) de l'Amitié: ou Lettres écrites de la Cour vers la fin du Regne de Louis XIV. publiée par Mr. Choffin, 8. Halle 1770.   -   -   -   -   -   25 s.

———— Litteraire No. 1 Reflex. sur la Connoissance humaine, 8. 770.   -   6 s.

Annales d'Espagne & de Portugals par D. J. Alvarez de Colmenar, a. jol. & superbes Estampes, 8 vol. 8. a Amst. 741. relié
        10 Ecus 20 s.

Anecdotes Russes ou lettres sur le détrônement de Pierre III. 8. a Lond. 764.   -   1 Ecu

———— Venitiennes & Turques ou N. memoires du Comte de Bonneval, 2 tom. 8. Ffrth. 740.   -   -   -   1 Ecu 35 s.

Années (les 5) Littéraires, ou nouvelles Littéraires &c. des Années 1748., 49., 50., 51., & 1752 par Mr. Clement, 4 vol. a la Haye 1754.   -   -   -   -   3 Ecus

Anti-Contract soual, contre J. J. Rousseau par Mr. de Beauclair, 8. la Haye 76*. - 40 ſ.

l'Arithmetique des Marchands par A. v Linz, 8. a Amſt. 719. rel. - - - - 6 ſ.

l'Art de ſe traiter ſoi-méme dans les maladies Vénériennes & de ſe guérir de leurs differens ſymptômes par Mr. M * * * gr. 8. a Paris 770. - - - - - - 2 Ecus

l'Art de faire des Garçons, ou nouveau Tableau de l'amour conjugal, 12. Montpel 1770. 36 ſ.

l'Aſcanius moderne ou l'Illuſtre Avanturier, 2 tom. 8. a Edinb. 763. - 1 Ecu 15 ſ.

Aſtronomique nautique ou Elemens d'Aſtronomie par Mr. de Maupertuis, gr. 8. a Par. 751. 40 ſ.

Avantages (les) de la Paix, diſcours couron. par Mr. Gaillard, gr. 8. a Par. 767. 10 ſ.

Avantures du Prince de Mitombo ou le Philoſophe negre, 8. a Rouen 764. - 25 ſ.

———— *(les) de Joſeph Andrews & du Miniſtre Abr. Adams,* a Lond. 750. 1 Ecu 36 ſ.

———— *de Roderik Random,* 3 vol. gr. 12. a Lond. 761. - - - 2 Ecus

———— *Curieuſes & interreſſantes d'Oronoko, Prince Afriquain,* 2 part. 12. la Haye 755. - - - - - 32 ſ.

———— *de Telemaque, Fils d'Ulyſſe* par Fenelon, avec fig. 2 vol. gr. 12. a Lauſ. 762. 1 ecu 20 ſ.

———— *(les) de Telemaque* par Mr. Fenelon Latin & Franç., 8 a Ulm 755. 1 Ecu 12 ſ.

l'Avanturier Hollandois ou la Vie & les Avantures d'un Hollandois, a. fig. 2 vol. 12. Amſt. 767. - - - 1 Ecu 36 ſ.

Avis au Peuple ſur ſa ſanté par Mr. Tiſſot cinquieme

quieme edit. originale, gr. 12. 2 vol. a Lausanne 1770.   -   -   1 Ecu 30 ſ.

B.

Bacha (le) de Bude, gr. 8. a Yverd: 761. 15 ſ.
Bains (les) de Diane ou le Triumphe de l'amour
    poëme, avec fig. jol gr. 8. a Paris 770.
                                  1 Ecu 40 ſ.
Beliſaire par Mr. Marmontel, avec fig. 12. a
    Vienne 769.   -   -   -   -   1 Ecu
———— dito ——— ſans fig. 12. a Paris 768.
                                      45 ſ.
Bétes (les) mieux connües ou le pour & contre
    l'ame des bétes, par l'Abbé Joannet, 2 tom.
    gr. 12. a Paris 770.   -   -   2 Ecus
Bibliotheque (la) des Petits-maitres, ou memoi-
    res pour ſervir a l'Hiſtoire du bon ton & de
    l'extremement bonne Compagnie, 8. au Palais
    Royal 1771.   -   -   -   30 ſ.
——————— bleue, ou recueil d'Hiſtoires ſingu-
    lieres & naives en 4 part. 8. a Par. 769.-
    70.   -   -   -   2 ecus 30 ſ.
Bon (le) militaire, par Mr. de Bouſſanelle, gr.
    8. a Par. 770.   -   -   1 ecu 20 ſ.
Bourgeois (le) politique & impartial d'Amſter-
    dam ou lettre ſur l'arrivée de la flotte Ruſſe
    dans la mediterranée, 8. a Amſt. 771. 18 ſ.

C.

Calas ſur l'Echaf zud, a ſes Juges, 4 poëme
    1770.   -   -   -   -   3 ſ.

Canapé (le) couleur de feu, histoire galante, 8.
Paris 764. - - - - 20 ſ.
Candide ou l'optimisme par Mr. de Voltaire,
12. a Genev. 761. - - - - 45 ſ.
—————— *Anglois, ou Avantures tragi-comiques
d'Amb. Gwinett avant & dans ſes Voyages
aux deux Indes*, 2 part. 8. Ffort. 771. 50 ſ.
Caquet-Bonbec la poule a ma Tante Poëme,
Badin. 8. 765. - - - 12 ſ.
*Caracteres hiſtoriques des Empereurs depuis
jusqu'a Maximin, a l'uſage de l'Academie
des Gentils-hommes a Berlin par Mr. We-
guelin*, 2 tom. gr. 8. a Berlin 1768.
3 ecus 12 ſ.
*Caton ou entretien ſur la liberté & les vertux
politiques, trad. du Latin par Mr. Saige*,
gr. 12. a Londres 770. - - 18 ſ.
Cauſantes amuſantes & connues, 8. 770. 40 ſ.
Celianne ou les amans ſeduits par leurs vertus,
a Paris 768. - - - - 24 ſ.
*Charlott ou la Comteſſe de Givri, piece dra-
matique*, 8. Lauſanne 758. - - 18 ſ.
*Chef d'Oeuvre (le) d'un Inconnu, Poëme heu-
reuſement découvert & mis au jour, avec
des Remarques ſavantes & recherchées p. C.
Matanaſius*, tom 8. a Lauſ. 758 1 ecu 15 ſ.
*Chinki, Hiſt. Cochin-Chinoiſe, qui peut ſervir
a d'autres Pays*, gr. 8. a Lond. 768. 30 ſ. br.
Chretien (le) dans la ſolitude, 8. Amſt. 766 36 ſ.
Civilité (la) moderne oder die hoeflichkeid der
heutigen Weld wie man zich zu verhalten
habe damit man in omgange beliebt zeyn
moege von C. Mouton franz und deutſch,
12. Hamb. 761. - - - 50 ſ.
Con-

Confeſſions (les) de Madlle. de Mainville, Du-
cheſſe de * * * 6 part. 3 vol. gr. 12. nonv.
ed a Paris 770. - - 3 ecus
Confidence neceſſaire, Lettres Angloiſes, 2 part.
Cambridge 769. - - 1 ecu 12 ſ.
Comedies (les) de Terence par Mad. Dacier,
mit Deuthſchen noten von Th. Fr. J. Tho-
loſan, 5the aufl. 8. Leipſ. 769. - 5 ſ.
Compete (le) Matthieu, ou les bigarrures de
l'Eſprit humain, 3 tom. 8. a Londres 770
2. ecu 20 ſ.
Comteſſe (la) Suedoiſe ou Memoires de Madame
de G . . . 8. 2 part. a Berlin 766. (par Mr.
Gellert) - - - - - 36 ſ.
Connoiſſeur (le) Comedie, tirée de Marmontel
par Mr. la Corſe de Meziere, gr. 8. la Haye
769 - - - - - 18 ſ.
Conſeils ſur les Etudes neceſſaires a ceux qui a-
ſpirent au S. Miniſtere, par A. C. Chavan-
nes, gr. 8. Tverd. 771. - - 56 ſ.
——— (les) d'Auſte a Celimene piece très cu-
rieux, 12. la Haye 770. - - 5 ſ.
Conſiderations ſur les Cauſes Phyſiques & Morales de la diverſité du Génie, des moeurs,
& du Gouvernement des Nations, ſeconde
edit. conſiderab. changée & augm. par Mr.
L. Caſtilhon, 3 vol. gr. 12. a Bouillon 770.
2 ecu 45 ſ.
——————— ſur les Moers de ce Siecle, ſuivies
de trois mémoires lus dans différentes aſſemblées
de l'Academie Royale des inſcript. & belles
Lettres ſur des ſujets-interreſſans, par Mr.
Duclos, gr. 8. a Londres 769. - 1 ecu

Con-

Contemplation de la Nature par C. Bonnet, nouv. edit. 2 tom. gr. 12. a Lauſ. 1770.
1 ecu 40 ſ.

Conte (le) du Tonneau par J. Swiftt, nouv. edit. avec fig. 3 vol. gr. 12. a Geneve 756.
3 ecus 30 ſ.

Contes de Guillaume vade, gr. 8. - 1 ecu

Contract (du) ſocial par J. Rauſſeau, 8. Amſt. 762. - - - 52 ſ.

Corps (des) politiques & de leurs Goûvernemens 4eme edit. 3. vol. gr. 12. a Lyon 767.
2 ecus 15 ſ.

Cours de Religion a l'uſage des jeunes gens reformées par Mr. L. de Bons, gr. 12. a Laus. 766. - - - - 50 ſ.

Cri d'une honnête Femme qui reclame le Divorce, conformement aux Loix de la primiſive Egliſe &c. 8. a Lond. 770. - - 18 ſ.

Curtius (Quinte) de la vie & des Actions d'Alexandre le Grand, fr. & lat. 8. a Berlin 770. - - - - 1 ecu 25 ſ.

D.

Daïra, hiſtoire orientale en IV. part. 8. Amſt. 771. nouv. edit. - - - 50 ſ.

Découvertes nouvelles ſur la Tactique, la fortifications, & autres points importans avec deux dl. 8. a Rouen 769. - - 50 ſ.

*Défence des Recherches Philoſophiques ſur les Américains par Mr. de P * * ** gr. 8. a Berlin 1770. - - - 36 ſ.

Dépit (le) & le Voyage, Poëme en 5. chants avec des notes ſuivi des confidences Philoſophiques

phiques ou lettres Vénétiennes, avec 6 joli
fig. (par Mr. de Baſſide, gr. 8. a Paris 771.
                                        1 ecu 50 ſ.
Deſaveu (le) de la Nature, nouv. Lettres en
vers (par Mr d'Arnoud, avec fig. 8. gr.
a Paris 1771.   -   -   -   1 ecu
Deſcription des Villes de Berlin & de Potsdam
& de tout ce qu'elles contiennent de plus remarquable, trad 8. a Berlin 769. 2 ecu 24 ſ.
—————— du Gouvernement preſent du Corps
Germanique, ou St. Empire Romain, 8. rel.
741.   -   -   -   -   -   45 ſ.
Devoir du Chef de Chambrée pour la Cavalerie,
8. Broché   -   -   -   -   -   5 ſ.
—————— des Communiants par Oſterwald, 12. a
Lauſ. 765.   -   -   -   -   25 ſ.
Dialogue de morale a l'uſage de la jeune nobles-
ſe, 8. a Berlin 1770.   -   -   12 ſ.
—————— des Morts avec quelques fables a l'u-
ſage d'un jeune Punie par Fenelon, 2 tom. 8.
a Paris 718. rel.   -   -   -   1 ecu
Dictionaire Portatif de Commerce, contenant la
connoiſſance des Marchandiſes de tous les Pays
ou les principaus & nouv. Articles, concer-
nans le Commerce, & l'Economie, les Arts,
les Manufactures, les Fabriques, la Minera-
logie, les Drogues, &c. 4 vol. gr. in 8. a
Bouillon 770.   -   -   8 ecus 30 ſ.
—————— Hiſtor & Mythologique, voy,
manuel des Artiſtes.
—————— Raiſonné d'Hiſtoire naturelle par M.
Valmont de Bomare, augmentée par Meſſ. de
Haller, de Leure, &c. & avec la Table,
12 vol. gr. 8. a Tverdon 768.-70. br.
                                        15 ecus 50 ſ.

Dictionaire Critique, Pittoresque & sententieux propre a faire connoitre les usages du Siecles, ainsi que ses bisarreries, par l'Auteur de la conversation avec soi-meme, 3 vol. in 12. a Paris 1771. - - - 2 ecus 30 f.

——— ——— *Universel, des Plantes, Arbres, & Arbustes de la France, par Mr. Buchoz, 4 vol. 8. a Paris 770.-71.* - 8 ecus

——— ——— *Littéraire, extrait des meilleurs Auteurs anciens & modernes, 3 tom. 8. a Liege 768. rel.* - - - 4 ecus

——— ——— *Geographique Portatif par L. Echard, trad. de l'Angl. & consider. augmentel par Vosgien, 2 tom. gr. 8. a Amst 770.* 3 ecus

——— ——— *Militaire, ou Recueil Alphabetique des termes propres a la Guerre & autres points interressants, 8. a Lauf. 743.* 1 ecu 25 f.

——— ——— *Comique, Satyrique, Critique, Burlesque &c. par Mr. de Roux, 2 vol gr 8. a Lyon 752.* - - - 3 ecus 20 f.

——— ——— *Portatif François & Hollandois, très exact corrigee par Mr. Marin, 2 vol. gr. 8. a Dordr. 770.* - - 2 ecus

——— ——— *Portatif des faits & dits memorables de l'Histoire moderne, 2 tom 8. a Liege 769.* - - - 2 ecus 24 f.

——— ——— *des Gens du Monde; Historique, Littéraire, Critique, Moral, Physique, Militaire, Politique, Caracteristique & Social, &c. 5 vol. 8. a Paris 770.* - 7 ecus 20 f.

——— ——— *Portatif des Regles de la Langue Françoise, 2 tom. 8. a Paris 770.* 3 ecus 40 f.

Dictionaire de Logique, extrait de l'Encyclopedie 8. a Copp. 758. - - - 30 f.
——————— en trois Langues Espagn. Franç & Italien, 4 a Col. 1571. rel. - 1 ecu 30 f.
——————— Geographique portatif par Vôsgien, gr. 8. a Paris 758. relié. - 1 ecu 30 f.
Dieu, reponse de Mr. de Voltaire au Systeme de la nature gr. 8. a Ferney 1770. - 12 f.
Diogene (le) moderne, ou le Desapprobateur, tiré en partie des manuscrits de Sir Charles Wolhan & de sa Correspond. avec Sir. G: Bedfort, Sir O: Szewert &c. sur differens sujuts de Littérature, de morale & de Philosophie par M. L. Castilhon, 2 vol. 8. a Bouillon 770. - - - 2 ecus 20 f.
Discours Academiques de Mr. de Maupertuis 12. a Dresde 753. - - - 30 f.
——————— sur les fruits des bonnes Etudes par Mr. Toussaint, 8. a Berl. 771. - - 9 f.
——————— de Mr. le Marquis Cesar Beccaria pour le Commerce & l'administration publique, gr. 8. á Lauf. 1769 - - 8 f.
——————— sur l'amour propre, par le Roi de Prusse gr. 12. Amst. 770. - - 12 f.
——————— de J: J: Rousseau; sur cette question: quelle est le vertu la plus necessaire au Heros? gr. 8. Amst. 769. - - 8 f.
——————— sur l'Irreligion, trad. de l'Allem. de Mr. de Haller, 8. a Lauf. 760. - - 25 f.
Dissertation sur la nature, les Espece & les degrés de l'Evidence, qui a remporté le prix de l'academie, 8. a Berl 764. - - 48 f.
——————— sur les moyens d'alleér la Physique & les Matthematiques avec l'Oeconomie, Couron. 4. ib. 770. - - - 48 f.

Diſſertation ſur l'Amérique & les Américains contre les recherches Philoſophiques par D. Pernetty, 8. a Berlin 1770. - 30 ſ.

—————— *qui a remporté le prix propoſé par l'Academie Royale de Pruſſe, ſur la nature, les eſpeces, & les degrés de l'evidence, par Moſes Mendelſohn, avec les pieçes qui ont concuri, 4. a Berlin 764.* - - 50 ſ.

Dominique & Séraphene, Hiſtoire Corſe, 8. a Hanau 771. - - - 12 ſ.

Don Quichotte (le nouv') imitée de l'Allemond de Mr. Wieland par M. d'Uſſieux, 4 part. gr. 8. 770. - - - - 2 ecus

Doraſte & Celonte, ou l'inconſtance peut-etre louable, 8. Wezl 768. - - 10 ſ.

Droits (les) des Hommes & les uſurpations des autres, trad. de l'Ital. gr. 8. a Amſt. 768. 25 ſ. br.

E,

Ebauche du Caractere & des principaux traits de la vie de S. A S. le Prince Guillaume Adolphe de Brnnsvic par l'Abbé Jeruſalem, avec ſon Portrait, gravée par Meil, gr. 4. a Beriln 771. - - - 1 ecu 12 ſ.

Ecole (la nouvelle) du monde, ouvrage utile & néceſſaire, 2 vol. 8. a Lieg. 766. 2 ecus 10ſ.

l'Economique de Xenophon & le Projet de Finance du meme auteur, trad. en Franç. avec des Not. par Mr. Damas, gr. 12. a Paris 768. br. - - - - 1 ecu

Economiques (les) par L. D. H. (l'ami des hommes) 2 vol. gr. 12. a Amſt, 1769. 1 ecu 40ſ.

Edu-

Education (de l') *des Enfans par Locke*, 2 tom.
12. a Lauſ. 760. - - 1 ecu 20 ſ.
——————— morale ou Réponſe de Mr. Compa-
ret ſur la queſtion: comment doit-on gouver-
ner l'Eſprit & le coeur d'un Enfant pour le
faire parvenir un jour a l'Etat d'hommes heureux & utile, gr. 8. a Geneve 770.
= 1 ecu 12 ſ.
——————— complette, ou abregé de l'hiſtoire u-
niverſelle, mélé de Geographie & de Chro-
nologie par M. le Prince de Beaumont, 3 vol.
12. a Lyon 762. - - 3 ecus rel.
Elemens de la Philoſophie rurale, gr. 12. Haye
767. - - - - - 20 ſ.
——————— de la Philoſophie de Newton par Mr.
de Voltaire, avec fig. gr. 8. a Amſt. 738.
2 ecus
Elile des poeſies fugitives, en 5. vol. 12. Lond.
769. - - - - 3 ecus 45 ſ.
Eloge de Louis, Dauphin de France par Mr.
Thomas, 12. 770. - - - 8 ſ.
——— de Mr. de Liebnitz par Mr. de Bailly,
8. a Berl. 768. - - - 24 ſ.
——— de Maximilien de Bethune Duc de Sally,
gr. 8. a Nancy 763. - - 15 ſ.
——— du Sieur de la mettrie avec un Catalogue
de ſes ouvrages, 8. la Haye 752. - 15 ſ.
——— de Pierre Corneille qui a concuri a l'A-
cademie de Rouen en 1768. par Mr. de Bi-
taubé, 8. a Berlin 1769. - - 18 ſ.
Encyclopedique, Oeconomique, ou ſyſteme générale I. d'Oeconomie ruſtique II. d'Oeconomie
domeſtique III. d'Oeconomie politique, 7 vol.
8. Yverdon 770.-71. - - 8 ecus 24 ſ.
Ency-

Encyclopedie portative, ou science universelle a
la partie de tout le monde, par un Citoyen
Pruſſien, 8. a Berlin 758. - - 18 ſ.
Enfant (le nouvel) trouvé, 12. a Londres 766
25 ſ.
—————— (l') prodique, Comedie par Voltaire, 8.
a Lauſ. 739. - - - 18 ſ.
Entendons-nous, ou le Radotage du vieux notai-
re, 12. br. 763. - - - 15 ſ.
Entretiens ſur divers ſujets d'hiſtoire & de Religion entre Mylord Bolingbroke, & Iſaac
d'Orobio, Rabin des Juifs Portugais a Ams-
terdam, 12. gr. a Lond. 770. - 1 ecu 20 ſ.
—————— ou leçons Mathematiques par Mr.
Peuchaud, 2 vol. 12. a Lauſ 743. 1 ecu 50 ſ.
Epitre ſur les Voyages par Lille, gr. 4. a Paris
765. - - - - - 12 ſ.
—————— (les) & les Evangiles pour les Diman-
ches avec franç. & Allem. 8. a Francf.
723. - - - - - 14 ſ.
—————— diverſes ſur des ſujets differens (par Iv.r.
de Bar.) 3 vol. 8. a Londres 745. 2 ecus 36 ſ.
l'Epouſe ſuivante Comedie, la Haye 762. 16 ſ.
Erreurs (les) de Mr. de Voltaire, par l'Abbé
Nonnotte, 6eme ed. 2 vol. gr. 12. a Lyon
770. - - - - 2 ecus
Ericie ou la verſale, Drame, en trois actes en
vers, 8. a Lauſ. 768. - - 10 ſ.
Eſope en belle humeur ou l'Elile de ſes Fables,
avec fig. & joint celles de Phedre, Pilpai
& la Motte par C. Mouton franz und deutſch
12. a Hamb. 750. - - 1 ecu 20 ſ.
Eſpion (l') des ſauvages en Angleterre, 8. a
Londres 764 - - - 8 ſ.
Eſprit

Esprit (*l'*) *de Boffuet ou Choix des Penfées ti-*
rées de fes meilleurs Ouvrages, gr. 12. *a*
Bouillon. 771. - - - 45 f.
—— *de Sully ou Extrait de tout ce qui fe trou-*
ve dans les memoires de Bethune Duc de Sul-
ly, 8. Dresde 768. - - 1 ecu 12 f.
—— (*l'*) *de D. A. de Guevarra, fr. & allem.*
8: br. 760. - - - - 25 f.
Effai fur une amitié patriotique, 12. *a* Lond.
1770. - - - - - 50 f.
—— *fur les Dogmes de la Metempfychofe &*
du Purgatoire enfeignés par les Bramins de
l'Indoffan par Sinner, 8. *a* Berne 771. 48 f.
—— *fur le jeu des Echecs,* 8. *a* Hamb. 770.
12 fous
—— *de Cosmologie par Mr. de Maupertuis,* 8.
br. 757. - - - - 45 f.
—— *de Philofophie morale par le meme,* 8. br.
757. - - - - - 25 f.
—— *fur cette queftion: quand & comment l'A-*
mérique a-t-elle été peuplé d'hommes & d'a-
nimaux? par E. B. d'E. 5 *vol.* 8. *a* Amft.
767. br - - - - 4 ecu
—— *fur l'homme par Pope,* 12. *a* Laufanne
760. - - - - - 18 f.
—— *fur les maladies des Gens du monde, par*
Mr. Tiffot, 8. Laufan. 1770. - - 40 f.
—— *dito* —— gr. 12 - - 30 f.
—— *fur les Préjugés ou de l'influence des Opi-*
nions fur les moeurs & fur le bonheur des
hommes, 8. *a* Londr 770. - 1 ecu 40 f.
—— *fur l'ufage, l'abus & les Inconveniens de*
la Torture, dans la Procedure criminelle, 8.
a Milan 768. - - - - 24 f.

Effai

Essai sur l'homme, par Mr. A Pope, trad. françoise par Mr. de S. nouvelle edit. avec l'original Anglois, ornée de fig. jol. gr. 4. a Lausanne 1762. - - - - 4 ecus
—— de Philosophie & de morale, en partie
traduits librement, & en partie imites de
Plutarque par M. L. Castilbon, gr. 8. a Bouillon 770. - - - - - 1 ecu
—— sur l'Etude des Belles-Lettres, 8. la Haye
750. - - - - - 30 s.
—— de Michel Montagne, 8. rel. a Lyon 1695
30 s.
—— sur le Commerce ; le Luxe ; l'Argent ; l'In-
teret de l'argent ; les Impots ; le Credit publique & la balance du Commerce ; par D.
Hume, trad. de l'Angl. 8. la Paris 767.
45 s br.
Etat (de l') de l'Eglise & de la Puissance legiti-
me du Pontife Romain, 2 vol. gr. 12. a
Wurtzb. 766. - - - 1 ecu
Etrangers (les) en Suisse, ou avantures de Mr.
de Tarlo & de ses amis, trad. de l'Allem. 8.
Ulm 770. - - - 1 ecu 12 s.
Etrennes a la Posterité, ou Calendrier historique & Genealogique de toutes les maisons sou-
veraines de l'Europe, depuis J. C. jusqu'a la
présente année 1771. précedé d'une autre Chro-
nologie de toutes les Anciennes Monarchies
avant J. C. gr. 12. a Paris 771. - 50 s.
——— pour les Femmes, 3 part. 8. Breslau
769. - - - - 1 ecu 12 s.
Eugénie, Drame en cinq actes en prose, avec
un essai sur le Drame serieux par Mr. de
Beaumarchais, 8. a Paris 768. - 15 s.
Euphe-

*Euphemie ou le Triomphe de la Réligion par Mr.
d'Arnaud*, 8. a Paris 768 - - 14 ſ.
*Examen des Recherches Philoſophiques ſur l'A-
mérique & les Américains & de la défenſe
de cet Ouvrage*, 2 tom. 8. a Berlin 1771.
(par Dom Pernetty) - - 1 ecu 36 ſ.
*Extrait du Dictionaire hiſtorique & critique de
Bayle, diviſé en 2 vol. n. edit. augm. gr.* 8.
a Berlin 1767. - - - 3 ecus 15 ſ.
────── *des Oeuvres de Mr. Gellert, trad. de
de l'Allem. par Mr. Touſſaint*, 2 tom. 8. a
Zullichow 768. - - - - 1 ecu
*Expoſé ſuccinct de la Conteſtation qui s'eſt éle-
vée entre Mr. Hume & Mr. Rouſſeau, avec
les piéces juſtificatives*, 8. a Lond. 766. avec
le vol. 6. *Precis pour Mr. J. J. Rouſſeau en
réponſe a l'Expoſé ſuccinct de Mr. Hume ;
ſuivi d'une lettre de Mad. D * * ** 8. 767.
br. - - - - - - 1 ecu

F.

Fables Orientales de Mr. de St. Lambert, 8. a
Lauſanne 1770. - - - 10 ſ.
────── & *Contes de Mr. Gellert, premiere partie*, 8. a Ffort. 771. - - 18 fl.
────── *(trois Cents) choiſies dans le gout de la
Fontaine, miſes en Muſique*, 6 part. gr. 8. a
Liege 771. - - - 2 ecus 40 ſ.
────── *pour les jeunes Gens*, 8. 759. - 15 ſ.
*Farcin (le) maladie qui attaque très commune-
ment les Chevaux & les moyens de le guérir
par Mr. Hurel*, 8. a Paris 770. - 20 ſ.

B

Fas-

Faftes (les) de la Grande-Bretagne, 2 tom. 1. a Paris 769. - - - 2 ecus 21 f.

—— (les) du Royaume de Pologne & de l'Empire de Ruffie, 2 tom. 8 a Paris 770. 2 ecus 24 f.

Félicité (la) publique, confiderée dans les Payfans Cultivateurs de leurs propres Terres par Vignoli, tr de l'Ital. 8. a Lauf 1770. 24 f.

Femme (la jolie) ou la femme du jour, 2 part. 8. a Berlin 770. - - - 1 fl. 12 f.

—— (la nouvelle) ou Hiftoire de Miff. Jenny Weftbury, 2 tom gr 12. la Haye 769. 1 ecu

Fonctions du Capitaine de Cavallerie par Mr. de Birac, 8. la Haye 686. rel. - 18 f.

G.

Galerie des Portraits, ou Portraits des Hommes Illuftres, gr. 12. a Paris 769. 1 ecu 26 f.

Garrick ou les Acteurs Anglois, ouvrage contenant des obfervations fur l'art dramatique, fur l'art de la reprefentation, & le jeu des acteurs avec des not. crit. bift. & anecdot. 8. a Paris 771. - - - 20 f.

Gazette Littéraire de l'Europe pour l'année 1770 12 vol. en 12. a Amft. 770. 4 ecus 30 f.

——— dito —— pour l'année préfent.

Geographie abregée divifée par leçons pour l'inftruction de la jeuneffe, par Mr. l'Abbé Lenglet du Fresnoy, 8. a Vienne 771. - 24 f.

Grammaire Françoife reduite en tables a l'ufage de Dames & des autres Perfonnes qui ne favent pas de Latin, 2 vol. gr. 8. Berlin 767. 4 aufl. - - - 3 fl. 40 f.

Grammaire Angloife-Françoife par Mrs. Miége & Boyer, troifieme edition, gr. 12. a Paris 761. - - - - - - 1 ecu

———— Allem. & Franç. par Sigmund, gr. 8. Nurnb. 769. - - - - 1 ecu

———— Allem. & Franç. par l'Abbé Girard, 8. ib. 754. br. - - - 20 f.

———— Royale Allem. & Franç. par Pepliers, 8. a Berl. 771. - - 25 f.

———— Italienne & Françoife d'Antonini, 8. a Lyon 763. - - - 36 f.

———— Nouvelle Methode pour apprendre la Langue Françoife, 8. a Sedan 763. 15 f.

Grifler, ou l'ambition punie, Tragedie en 5 actes, 8. 762. - - - - 15 f.

Guide (le) du fermier ou Inftructions pour élever, nourrir, acheter & vendre les bétes a Cornes, les brebis, les moutons, les Agneaux & les Cochons, 2 tom. gr. 12. a Paris 770. 1 ecu 20 f.

Guliane, conte phyfique & moral, trad. de l'Anglois & enrichi de notes pour fervir a l'intelligence du Texte, gr. 12. a Londres 770. 25 fl.

H.

Henriette de Wolmar par J: J: Rouffeau, 8. a Munft. 769. - - - - 18 f.

l'Heureux jour, Epitre a mon ami, 8. Paris 768. - - - - - - 12 f.

Hiftoire littéraire des femmes françoifes ou lettres hiftoriques & critiques contenant un précis de la vie & une analyfe raifannée des

ouvra-

ouvrages des Femmes qui se sont distinguées dans la litterature Françoise, 5 vol. gr. 8. a Paris 769 - - - - 8 ecus. 30 s.

Histoire de Mademoiselle d'Erneville, écrite par elle même 2 vol in 12. a Paris 1771. 1 Ecu 20 s.

Histoire de l'Admirable Don Quichotte de la Manche, trad. de l'Espagnol de Michel de Cervantes, nouv ed. en 6. vol 12 a Paris 769. avec très belles fig. - 6 Ecu 50 s.

Histoire générale des Dogmes & opinions philosophiques, depuis les plus anciens temps jusqu'a nos jours; tirée du Dictionaire encyclopodique, des arts & des sciences, 3. vol gr. 8. a Londres 769. - - 3 Ecu 50 s.

———— de Milady Julie Maudeville, trad. de l'Anglois, 2 part 8. a Amst. 764 - 1 Ecu.

———— abrégée de Charles XII. Roi de Suede, par Mr. de Voltaire, Auguste 769. - 16 s.

———— abrégée des Chinois, avec une Idée de leur Gouvernement, de leurs mœurs & de la morale de Confucius, 12 a Paris - 24 s.

———— du Concile de Trente par Fra Paolo Sarpi, avec des notes Critiques, Hist. & Theolog par P. F. le Courayer. 2 vol gr 4. a Basle 1738. - - 5 Ecu 30 s.

———— de l'Académie Royale des Seiences & belles Lettres, Tom 24. avec fig. 4 a Berlin 1770. - - - 3 Ecu 45 s.

———— de Madlle de Grisoles, écrite par elle-même, 8 a Lond. 770 - - - 36 s.

———— naturelle de l'homme, considéré dans l'Etat de Maladie; ou la Médécine rapellée a sa premiere simplicité par Mr. Clerc, 2. tom.

gr

gr. 8 a Paris 767 - 2 Ecu 45 ſ.
Hiſtoire du Coeur par Mr. de Milly 8 à Lond.
769. - - - 1 ſ.
———— des Revolutions de la haute allemagne,
contenant les Ligues & les guerres de laſuiſ-
ſe, 2. vol 12 a Zurich 766. - 1 Ecu 10ſ.
———— des Diables modernes par le feu Mr.
Adolphus juif Anglois, Docteur en Medicine,
3eme ed. 8. a Cleves 1771. - - 36 ſ.
———— de Madame de Pompadour 2 part 8. a
Lond. 767. - - - - 56 ſ.
———— de Stanislas I. Roi de de Pologne 2. part
8. a Londres 742. - - 1 ecu.
———— d'un Peuple nouveau, trad. de l'Anglois
2. part 12. Londres 757 - - 50 ſ.
———— de Jonathan Wild le grand, trad. de
l'Anglois 12. ib. 2. vol 763 - 3 ecu 20 ſ.
———— du Stadhouderat par l'Abbé Raynal,
12 la Haye 750 - - 40 ſ.
———— des Paſſions ou avantures du Chevalier
Shroop, 2. part 12 gr. ib 75 - 56 ſ.
——— de la Monarchie Françoiſe ſous Louis
le grand 3. vol 12. a Lyon 693 - 1 ecu 30ſ.
——— de Miſſ Beville, trad. de l'Anglois 2.
part a Munſter 769 - - 54 ſ.
———— de l'Eſprit humaine par Mr. le Marquis d'Argens, 3. tom 8. a Berlin 765 relié
- - - 1 ecu 40 ſ.
———— du Prince Aprius, 8 la Haye 764 15 ſ.
——— critique des jeux d'Hazard & des Leçons Jnſtructives, 8. Paris 769 - 45 ſ.
——— de la Guerre de 1741 2. part par Mr.
de Voltaire 8. la Haye 756 - - 50 ſ.
——— de Rois & du Royaume de Pologne &
& du grand Duché de Lithuanie, 4. vol. 8.
                                    la

la Haye 734 - - - 3 ecu 50 ſ.
Hiſtoire des douze Ceſars Empereurs Romains,
8. Lyon 635 - - - 50 ſ.
———— Romaine depuis ſon Commencement juſ-
qu'a la Tranſlation par Conſtantin par L.
Echard, 12. vol. relié en 6. tom. 8 a Amſt.
730 - - - 7 ecu 20 ſ.
———— des Plantes de l'Europe & des plus uſi-
tées d'Aſie, d'Afrique & d'Amerique a fig. 12
2 vol. a Lyon 766 - 3 ecu 30 ſ.
———— de Lady Lucie Fenlon, 3 part. trad de
l'Anglois gr. 12 a Lond. 769 - 1 ecu 30 ſ.
———— de Miſſ Indiana d'Anby, 2 part. gr.
12 a Londres 1771 - - 1 ecu 50 ſ.
———— de l'Etabliſſement des moines Mendi-
ants, gr 12 a Avignon 767 - 36 ſ.
Homme (l') aux quarante Ecus par Voltaire,
8 a Londres 768 - - - 27 ſ.
———— au Latin ou la Deſtinée des Savans,
biſtoire ſans vraiſemblance, 8 a Londres 769
16 ſ.
Hommes (les) comme il y en a peu & les géni-
es comme il n'y en a point, contes moraux,
les uns pour rire, les autres a dormir debout;
Orientaux, Perſans, Arabes, Turcs, François &c. 2 vol. gr. 8 a Bouillon 770 - 1 ecu
40 ſ.
Honnete (l') criminel, Drame en cinq actes
& en vers p. Mr. de Falbaire, 8 a Lausanne 1768 - - - 12 ſ.
Honneur (l') françois ou biſtoire des vertus &
des Exploits de notre Nation, depuis l'Etabliſſement de la Monarchie jusqu'a nos jours,
4 vol gr. 12 a Paris 1769 - 4 ecu 20 ſ.
Hon-

Honni foit qui mal y penſe ou Hiſt: des filles celebres du 18eme ſiecle, 2 part. 8 a Lond. 761 - - - 30 ſ.

I.

Jardinier portatif, ou la Culture des quatre Claſſes de Jardins, 8 Liege 1769 - 25 ſ.

Idée générale d'une Collection complette d'Estampes, avec une Diſſertation ſur l'Origine de la gravure & ſur les premiers Livres d'Images, gr 8 a Leips. 771 a fig. - 3 ecu - - - - 40 ſ.

—— *générale de la Confeſſion de foi par Eclelmon,* 8 Neuw. 746 - - - 3 ſ.

Jeux (les) de la guerre ou Raſſinement du jeu des Echecs, a fig. Allem. & fr. 8 a Prague 770 - - - - - 12 ſ.

—— *(les) de la petite Thalie ou nouveaux petits Drames Dialogués par Mr. de Moiſſy,* 8 Berlin 770 - - 1 ecu 12 ſ.

Impoſtures (les) de l'Hiſtoire, gr. 12 2 vol. a Paris 770 - - - 1 ecu.

Innocence (l') du Catechisme d'Heidelberg demontrée contre 2 libelles d'un jeſuite par l'Enfant, 8. Amſt. 723 relié - 15 ſ.

Introduction générale a l'Etude de la Politique, des Finançes & du commerce par Mr. de Beauſobre, 3 vol gr. in 12 nouv. ed. a Berlin 771. - - - 2 ecu 25 ſ.

———— *a l'hiſtoire des principaux etats de l'Europe p. Pufendorff,* 4. t. relié en 2. 8 a Amſt. 710. - - 1 cu 36 ſ.

Inſti-

Inſtitutions au Droit public d'Allemagne , gr. 8
a Leipſie 766   -   -   1 ecu 36 ſ.
Inſtrudions ſuccintes ſur les Accouchemens , en
faveur des ſagesfemmes des Provinces par
Mr. Raulin a fig. gr. 12 a Paris 770.
Journal de la Cour de Louis XIV. depuis 1684.
jusqu'a a 1715. avec des notes interreſſantes
&c. p. Voltaire, gr. 8. a Londres 770.
-      -   -   45 ſ.
Journeés (le) amuſantes de Madame de Gomer , 4 tom gr. 12 a Lond. 754 - 2 ecu 32 ſ.

L.

Lecture (la) rendue facile & agréable ; franç
und duits, 8. Salen 1763.   -   24 ſ.
Legende joyeuſe , ou Recueil d'Epigrammes
galantes , 3 part. 12 a Lampſaque, 1764.
36 ſ.
Législation du divorce, precédée du cri d'un
honnête homme qui ſeroit fondé en droit na-
turel & divin a repudier ſa femme, &c.
gr. 8. Lond. 769   -   -   50 ſ.
Leonidas , par Golver trad. de l'Angl. gr. 12 a
Amſt. 739.   -   -   1 ecu 10 ſ.
Lettres a une Princeſſe d'Allemagne ſur divers
ſujets de phyſique & de Philoſophie, 2 tom.
gr. 8 a Mietau 1770.   -   ecu 24 ſ.
——— juives du celebre Mendels-ſohn, Philoſophe de Berlin, avec les Remarques & re-
ponſes de Mr. Lôlble recueil memorable concernant le judaïsme, 8. a F. Fort 771 - 50 ſ.
——— d'une Dame angloiſe, & de ſon Amie
a Paris, contenant les memoires de Madame
Wil-

Williams, 2 part. 8. a Londres 771 1 ecu
— — — — — 40 *f.*
Lettres de ce qui s'eſt paſſé entre le Comte de Gyllemburg, les Barons Gorts, Sparre, & autres ſur la Rebellion, 4. la Haye 771 br.
8 *f.*
—————— écrites de la Montagne par J. J. Rouſſeau, 2 tom. gr. 12 Amſt. 765 - 1 ecu.
—————— de Milady J. Catesby a Milady Campley, 8. a F. Fors. 762. - 25 *f.*
————— trouvées dans les papiers d'un Pere de famille, 8 ib. 764. - - 36 *f.*
————— de Theodoſe & de Conſtance, trad. de l'Anglois, 8. a Rott. 764. - 40 *f.*
————— de Comte d'Arlington au Chevaliers Temple, 2. tom. 8. a Utr. 710 rel. - 46 *f.*
— —— ſur l'Etat preſent des Sciences & de Meurs par Formey, 2 tom. rel. en gr. 8. a Berl. 759. - - - 1 ecu 30 *f.*
————— du Comte allgarotti ſur la Ruſſie, 8. a Neurb 770. - - 50 *f.*
————— latines de Mr. Bongars, avec la trad. lr. 8. a Berl. 694 rel. - 25 *f.*
————— philoſophiques ſur le principe & la Cauſe du mouvement machinal des Etrês Organiſées, gr. 8. a Amſt. 754. - 12 *f.*
————— ſur les disputes de Religion par Spalding, 8. gr. a Bremen 769. - 12 *f.*
————— du Madame du Montier & de la Marquiſe de * * * ſa fille, 2. tom. 8. a F. Fort 767. - - - 1 ecu 30 *f.*
————— Chinoiſes, ou correspondance philoſophique, biſt: & critique par Mr. le Marquis d'Argens, 6. vol. 8 la Haye 756. - 5 ecus

Let-

Lettres familieres du Président de Montesquieu, a divers Amis d'Italie, gr. 12 a Avig. 767.
30 f.

—— de Mr. l'Abbé le Blanc, concern: le Gouvernement, la politique & les Meurs des Anglois & des François, 3. vol. gr. 12. a Amst. 749. broché en un. -   1 ecu 50f.

—— d'un Persan en Angletterre a son Ami a Ispahan ou nouvelles Lettres Persannes, ou l'on trouve la Continuation de l'Histoire des Trsglodittes, commencé par Mr. de Montesquieu, trad. de l'Angl. gr. 12. a Paris 770.   -   -   -   1 ecus.

—— aux femmes mariées a Tverdon, 1770 trad. de l'Angl.   -   -   -   1 ecu.

—— sur les êtres simples Wolfiens, gr. 8. Amst. 756.   -   -   -   -   6 f.

—— sur l'amour de la Patrie, 8. a Copenh. 768.   -   -   -   12 f.

Lisle générale des Postes de la France, med. 8. Paris 769.   -   -   -   35 f.

Livre (nouv.) d'a. b. c. 8. a Dresde 717. - 3 f.

Louvet (le) maladie du Bétail par Regnier I. 12. a Laus. 762.   -   -   12 f.

M.

Magazin des Enfans par Madame le Prince de Beaumont, 4. tom. 12. la Haye 759. 1 ecu
20 f.

—— des Adolescentes, par la même, 12. 4. tom. ib. 766.   -   -   -   1 ecu 20 f.

—— des jeunes Dames ou Instructions &c. par la même, 12. 4. vol ib. 767. - 1 ecu 20f.
Maga-

Magazin des Pauvres, Artifans, Domefliques
&c gens de la Campagne, 2 tom. 12. Berne
768. - - - 1 ecu.
Mahomet, tragédie par Voltaire, gr. 8. a Brux
742. - - - 15 f.
Maniere (nouvelle) de defendre & de fortifier
les Places irregulieres a l'ufage de ceux qui ne
font pas Geometres par P. F. de Bellersheim
a fig. gr. 4 a F. Fort 767. - 3 ecu 12 f.
Manuel des Artiftes & des Amateurs ou Dictionaire Hiftorique, & Mythologique &c.
Ouvrage utile aux poëtes, aux Artiftes &
aux Amateurs des beaux Arts, 4. tom gr. 12
a Paris 770. rel. en cart. - 6 ecus 20 f.
———— de la Toilette & de la mode, 2. part.
relié 12. a Dresde 1770-71. - 50 f.
———— de Médécine practique, royale & Bour-
goife ou Pharmacopée tireé des trois Regnes
appliquée aux maladier des Habitans des Villes, a l Ufage de Meffeurs de Maifon & pe-
res de famille p. Mr. Buchoz, gr. 8. a Paris 1771. - - - 2 ecus
Maria ou les veritables Memoires d'une Dame
illuftre par fon Mérite, fon rang & fa fortune, trad. de l'Angl. 12. a Laus. 1766.
50 f.
Marié (le nouv.), ou les Importans-Opera comique en un acte, gr. 8. 770. - 24 f.
Marin (le premier) poëme en trois chants par
Mr. Gesner, trad. de l'Allemand, 8. a fedan
764. avec fig fol. - 20 f.
Masque de fer, ou les Avantures admirables du
Pere & du Fils, 2. tom. 12. la Haye 747.
- - - 1 ecu 10 f.
Medi-

Méditations Philofophiques fur Dieu, le Monde & l'homme par Y-Lau, 12. lat. & fr. a Koenigsb. 770. - - 45 f.

Mélanges de Litterature Orientale, traduits de differens manufcrits Turcs, Arabes, & Perfans de la Bibliotheque du Roi par Mr. Cardonne, 8. a la Haye 771. - 1 ecu

——————— *(nouveaux) philofohpiques, hiftoriques, critiques &c &c. par Mr. de Voltaire,* 10 *vol. gr. 8. a Geneve 770.* - 8 ecu 50 f.

——————— *de Litterature, d'hiftoire & de philofophie par le meme, 2 vol. gr. 8. ib. 770* - - - - 2 ecus

——————— *(nouv.) de Literature d'hiftoire & de philofophie d'un Céntenaire &c. gr. 8. 769* - - - 1 ecu 20 f.

——————— *philofophiques prejugés, education, agriculture, mariage, gr. 8. Hamb. 770.* 50 f.

——————— *des Poëfies &c. &c. &c. par Mr. de Voltaire, gr. 8. ib. 770.* - - 1 ecus

——————— *de philofophie, avec des figures, par Mr. de Voltaire gr. 8 ib. 770.* - 1 ecu.

——————— *hiftoriques & critiques contenant diverfes pieces relatives a l'Hiftoire de France &c. 2. tom. gr. 12. a Paris 768.* 1 ecu br. 36 f.

Memoires pour fervir a l'Hiftoire de la Maifon de Brandenbourg ; d'Aprés l'original, a fig. Vign. gr. 4 a Berlin 767 - 9 f. 50 f.

——————— *fecrets de la Guerre de Hongrie pendant les Campagnes de 1737-38-& - 9. avec des reflexions critiques par Mr. le Comte de Schmettau, 8. a F. Fort 771.* - 1 ecu

——————— *fur l'origine & la Genealogie de la Mai-*

Maison des Princes de Galitzin, 4. F. Fort
1767. - - - - - 50 *f.*
Memoires d'un homme de Bien par Mr. Depi-
cieux, 3 vol in 12 a Paris 1771. - 2 ecu 15 *f.*
———— de Mr. le Comte de Stenbock, savoir
les Campagnes de 1712-&-13. avec la justi-
fication, a F. Fort 745. - 30 *f.*
———— sur les Effets de l'Impot indirect sur
le Revenu des Proprietaires des Biéns-fonds,
qui a remporté le prix, proposé par la Pou-
ciété Royale d'Agriculture de Limoges en
1767. gr. 12. a Londres 768. br. - 48 *f.*
———— sur les Professions religieuses, en faveur de la raison, contre les Préjuges, 12. a
Avignon 1766. - - 36 *f.*
———— -- & Avantures du Chev. de St. Vin-
cent, 12. a Londres 770. - 36 *f.*
———— (les) de l'Elephant ecrits sous la die-
tée & trad. de l'Indiën par un suisse, 8 a
Paris 1771. - - 45 *f.*
———— & observations de Chirurgie par
Mr. Trecourt, gr. 12. a Bouillon 769. 1 ecu
———— (deux) sur la formation des Os fon-
dés sur des Aexperiences par de Haller, gr.
12. a Laus. 758. - - 45 *f.*
———— sur la formation du Coeur dans le
poulet, sur l'Oeil, sur la Structure du jaune,
2. vol. par le meme 2. vol. gr. 12. ib. 758.
- - - 1 ecu 30 *f.*
———— sur la Nature sensible & irritable
des parties du Corps Animal par le meme,
4. vol. gr. 12. ib. 756. - 3 ecu 30 *f.*
———— sur le Mouvement du sang & sur les
Effets de la saignée par meme, 12. ib. 756.
- - - - 1 ecu 20 *f.*

Memoires d'une bonnéte Femme, écrits par elle meme, 8. a Wetzl. 766. - 36 ſ.
—————— (nouveaux) & Avantures d'un Homme de qualité ou Tableau de la Vie par Prevoſt, 2. vol a fig. 8. Paris 765. - 1 ecu.
—————— pour ſervir a l'Hiſtoire de Folard, 8 a Ratisb. 7 3. - - 14 ſ.
—————— de Henri de Lorraine, Duc de Guiſe, 2. vol. Amſt. 703. - 24 ſ.
—————— de Mr. de Bordeaux, Intendant des finances, 4. tom. gr. 12. a Amſt. 758. 2 ecus 40 ſ.
—————— biſtoriques, polit; crit: & Littéraires par Amelot, de la Houſſaye, 2. tom. 8. ib. 722. relié. - 1 ecu 30 ſ.
—————— ſur les Moeurs de ce Siécle, 2 part 8. a Lyon 763 - - 40 ſ.
—————— & Avantures d'un homme de qualité qui ſ'eſt retiré du Monde, 7. vol. 12. Amſt. 759. - - - 4. ecu.
—————— de la Minorité de Louis XIV. 2. tom, 12. ib. 723. relié - 1 ecu 16 ſ.
—————— du Duc de Villars, Marechal de France, 3. vol 12. a F Fort. 734. rel. - 2 ecu
—————— du Comte de Bonneval, 2 tom. 8. Lond. 758. - - 25 ſ.
—————— de Miledi B . . . 4. part a Amſt. 761.
—————— de Miſſ Sidney Bidulphe, extraite de ſon Journal & trad. de l'Anglois, 3. vol. ib. 762. - - - 3 ecu 30 ſ.
—————— dito —— 5. vol ib. 765. - 4 ecu 50 ſ.
—————— de Mr. de Montchal, Archeveque de Touloufe, cont: des particularites de la Vie
du

du Cardinal de Richelieu, 8. *ib.* 718. *rel.*
- - - I ecu.
Memoire du Baron de Pollnitz cont. les observat.
dans ses voyages, 2 tom. 8. Lond. 705 rel. 1 ecu
Mendiant (le) boiteux ou les Avantures d'Am-
broise Gwinett Balayeur du pavé de Spring-
garden, d'Aprés des notes de sa main, nouv.
ed par M. L. Castillon, 2 part. 8. a Bouillon 771. - - - 56 ſ.
Metthode nouvelle &ᶜ facile pour fortifier les
places par M. Pirscher, a fig 8. gr. a Berlin
771. - - - 40 ſ.
——————————— facile &ᶜ raisonnée pour inſtruire la Jeuneſſe dans les Principes de la
langue Françoiſe, a Sedan 763. br. - 15 ſ.
Moeurs (les) par Touſſaint, 8. a Laus. 769.
56 ſ.
Momus (le) François ou les Avantures diver-
tiſſantes du Duc de Roquelaure, 12. a Col.
762. - - - 20 ſ.

N.

Nain (le) 12. 762. - - 10 ſ.
Naufrage &ᶜ avantures de Pierre Viaud, Capt.
de Marine, 8. a Neuch. 770 - 46 ſ.
Nacnon, Conte Allobroge, 12. Lampſ. 764. 10ſ
Noeud (le) Gordien, 4 part gr. 12 a Londres
1770. - - - 2 ecu.
Nosologie metthodique dans laquelle les maladies ſont rangées par Claſſes ſuivant le ſyſteme
de Sydenbam &ᶜ l'ordre des Botaniſtes, trad
du Latin de Mr. F. R. Boiſſier de ſauvages
&ᶜc. Ouvrage augmentée de quelques notes
en formè de Commentaire par Mr. Nicolas,
3 vol. ib 8. gr. a Paris 1771. - 8 ecus

Nuits (les) d'Toung trad. de l'Anglois par Mr.
  le Tourneur, 2. tom 8. Amst. 770. - 1 ecu 40 s.
Nuit (15eme. d'Toung trad. en vers fr. gr. 8.
  Par. 770.   -   -   15 s.

O.

Observations sur la Religion, les Loix, le Gouvernement & les moeurs des Turcs, trad.
  de l'Anglois de Mr. Porter, 2. part. 12. a
  Neuchatel 770.   -   -   36 s.
Ouvres de J. B. Rousseau, nouv. ed. revuë,
  corrigée d'après l'Edition de Londres, faite
  sous les Yeux de l'Auteur, 2. vol. 12. a Amst.
  771.   -   -   -   -   2 ecu.
———— de Théatre de Mr. Diderot, avec un
  Discours sur la poésie Dramatique, 2. tom.
  8. a Berlin 763.   -   -   1 eeu 15 s.
———— (les) morales de Mr. Diderot, cont son
  Traité de l'Amitié & celui des Passions, 2.
  tom 8. a F Fort. 770.   -   -   50 s.
———— philosophiques & morales par Mr. D'arnaud, cont: Fanni, Lucie & Melanie, Cla-
  ry, Julie, Nancy, Sidnei & Silley Batilde
  & Euphemie, 8 a Paris. - 1 ecu 20 s.
———— posthumes de Madame de Grafigny,
  cont: Ziman & Zénise, suivi de Phaza, gr.
  12 a Amst. 770.   -   -   20 s.
———— Dramatiques, (ou Théatre) par Mr. de
  Voltaire, avec les Piéces relatives a Chacun
  5. vol. gr. 8. a Geneve 770. - 1 ecu 30 s.
———— complettes du Cardinal de Bernis, 2.
  tom 8. a Londres 767.   -   2 écus.
———— diverses de Mr. Thomas, 2. vol gr. 8.
  Amst. 768. -   -   -   1 ecu 36 s.
Oeu-

Oeuvres diverses de Mr. Abauzit, 2 vol. gr. 8 ib. 1770 - - 1 ecu 20 ʃ.

—————— *Galantes & amoureuses d'Ovide*, 2. tam. gr. 12 1763 - - 1 ecu 26 ʃ.

—————— *Mêlers de Madame de Gomer*, 8 Par. 1724. - - - 50 ʃ.

—————— *Philosophiques & morales de Mr. d'Arnaud*, cont. 8 picus en 2 vol. 8 Paris 1769. 1 ecu 20 ʃ.

—————— *du Philosophe de sans soucy*, 3 vol. la avec trad. Allem. relié 8 a Besl. 1760 - - - - 3 ecus 50 ʃ.

—————— *de Theatre de Mr. Boindin*, 2 vol. gr. 12 a Paris 1753. - 2 ecus 20 ʃ.

——————————————— *Boissy*, 1 vol. gr. 12 a Amst. 1758. - 7 ecus.

Onanisme dissertation sur les Maladies produites par la masterbation par Mr. Tissot, gr. 12 a Lausanne 1770. - 36 ʃ.

Ophélié Roman trad. de l'Anglois, 2 vol Amst. 1763. - - 1 f. 50 ʃ.

Ordre (l') des Franc-maiçons trahis, & le secret des mopses révéliés a fig. 8 Amst. 1758. - - - 1 ecu 25 ʃ.

Origine (l') ancienne de la Physique nouvelle, par Regnaut 3 part 8 Amst. 1735 - 1 ecu

P.

Paligénésie (la) philosophique ou Idées sur l'Etat passé & sur l'Etat futur des Etrés vivans &c. par C. Bonnet, 2 vol. 8 1770. - 1 ecu 36 ʃ.

Pamela (la nouvelle) ou les véritable Memoires de

de Maria Dame illustre par son merite, son
rang & sa fortune, trad. de l'Anglois, 2 part
8 a Londres 1767. -   1 ecu 12 f.
Pandore Opera, 8 1760. -   9 f.
Panegyrique du S. J. M. Reinhart, maitre
Cordonier, par P Mortier, 8. 1759 - 12 f.
Parallele de la Condition & des facultez ae
l'Homme avec la condition & les facultez
des autres Animaux, trad. de l'Anglois par
Mr. J. B. Robinet nouv. ed. gr. 12 à Bouil.
1770. -   -   45 f.
——————— de la morale Chretienne avec celle des
Anciens Philosophes par le P. M. Mourgues,
gr. 12 nouv. ed. a Bouillon 1769. - 50 f.
Paris histoire veridique, anecdotique, morale
& critique avec la Clef par Mr. Chevrier,
à la Haye. -   -   15 f.
Patriote (le) François & impartial, ou Memoire Histoirique de ce qui s'est passé de plus
remarquable au sujet de la Religion Reformée
en France depuis 1744 jusqu'a 1752, 4 vol.
gr. 12 a Laus. 1768. -   1 ecu 30 f.
Paysan (le) Parvene ou les Memoires de M.***
par Marivaux, 6 part. en 2 vol. 12 a 'a
Haye 1756. -   -   2 ecus 10 f.
Paysanne (le) Parvenue, ou les Memoires de
Madame la Marquise de L. V. Mouhy,
8 vol. 12 a Amst. 1740. -   3 ecus 10 f.
Pensées Anti philosophiques, 8 a Paris 1771.
          10 f.
——————— (mes) par Beaumelle, gr. 12 a Coppenb.
1751. -   -   -   1 ecu
——————— de Mr. le Comte d'Oxenstirn sur divers
          ju-

sujets, avec les Reflex. morales, 2 vol. 8 *s*.
  Paris 1762.   -   56 *s*.
Pensées de Milord Bolingbroke sur differents su-
  jets d'Histoire de Philosophie, de morale &c.
  12 a Paris 1771.   -   -   1 *ecu*.
Philosophe (le) *ignorant*, gr. 12 1766. - 25 *s*.
Pieces authentiques pour servir au Proces Cri-
  minel du Chevalier d'Eon contre le Comte de
  Guerchy, 4 a Berlin 1765.   -   16 *s*.
Poësies de Madame & Mademoiselle Desbouil-
  leres, 8 a Brux. 1740.   -   1 *ecu* 50 *s*.
——— de Mr. l'Abbé Michelessi, 8 a Berlin
  1770.   -   -   -   18 *s*.
Porte-feuille (le) *d'un Philosophe, ou Melange*
  de pieces philosophiques, politiques, critiques,
  satyriques & galantes &c. 6 vol. 8 Cologne
  1770.   -   -   -   1 *ecu*
Préjugés (les) *du public sur l'Honneur, avec des*
  Observations critiques, morales & histor:,
  par Mr. Denesle, 3 vol. gr. 12 a Paris 1766.
    -    -   -   2 *ecus* 20 *s*.
——— (les) *des Anciens & nouveaux Philo-*
  sophes sur la nature de l'Ame humaine ou exa-
  men du Materialisme, par Mr. Denesle,
  2 tom. gr. 12 a Paris 1765.   -   1 *ecu*.
Principes d'un bon Gouvernement, ou Reflexions
  morales & politiques par Mr. de Campagne,
  3 tom. gr. 8 a Berlin 1769. - 2 *ecus* 15 *s*.
——— *Politiques sur le Rappel des Protes-*
  *tans en France, par Mr. M * * *,* 2 part.
  8 a Par. 1764.   -   -   1 *ecu*.
Promenades (les) *de la Quinquette, Avantures*
  & histoires Galantes, 12 a Paris 1704 - 6 *s*.
Pure (la) *Verité Lettres & Memoires sur le*

Duc & le Duc̆le de Virtemberg, gr. 12 a
Augsp. 1765. - - 20 ſ.

Q.

Querelles littéraires ou Memoires pour ſervir a
l'Hiſloire des Revolutions de la Republique
des Lettres, depuis Homere jusqu'a nos jours
4 part 12 a Paris 1761. - 2 ecus 50 ſ.
Queſtions ſur l'Encyclopédie, par des Amateurs
5 vol gr. 8 1770-71. par Mr. de Voltaire,
4 ecus.

R.

Recherches ſur l'Origine du Despotisme Oriental
Ouvrage poſlhume de Mr B .. 8 a Paris
1763. br. - - 40 ſ.
———— ſur les Lentiments moraux, trad.
de l'Allem. de Mr. Abbe. 8 a Geneve 1763.
20 ſ.
Récréations Philologique ou mélange agréable
de diverſes piéçes, cont: l'Hiſloire des Perſonnes célébres, la morale, la poëſie, les
Evénémens memoracles &c. 2 tom 8 a
Stoug. 1767. - - - 1 ecu
Recuil des Oevres du Philoſophe de Sans-Socçi,
qui ont panc jusqu'a ce jour, 3 8 1762
- - - - 2 ecu 00 ſ.
———— des Contes & poëmes pat Mr. Doaat,
13eme editcion augmenteé de l'Hermitage de
Beauvais 8 avec tres belles fig & fig. a Par.
1771. - - - 2 ecus 20 ſ.
———— des Poëſies Françoiſes tirées des meilleurs

*leurs auteurs, a l'Usage de la jeunesse par
E. C. Pohlmann, 8 Magdeb. 1770. - 36 s.*
*Recuil Philosophique & littéraire de la Société
Typsgraphique de Bouillon, 5 vol gr 12 a
Bouillon 769-70.* - - *7 ecus.*
—— *(nouv) pour l'Esprit & le Coeur, 7
vol. 8 a Celle 1766-70.* - *11 ecus 20 s.*
—— *des differens Traités de Physique &
d'Histoiro naturelle par Mr. Derlandes, 3 vol
gr. 12 a Paris.* - - *2 ecus 30 s.*
——— *des prieres, précedé d'un Traité ale le
priéré par J. E Roques, 8 a Celle 1767.*
50 s.
*Reflexions sur la Desertion & sur la peine des
Deserteurs, gr. 8 en France 768.* - *12 s.*
*Roflexions d'un Etranger de la Communion Cat-
holiques sur la sieitre de Mr. Mendelsbon, a
Mr Lavater, a Berlin 1770.* - *3 s.*
——— *sur l'Ouvrage intitulée la helce
Wolfienne par Mr. de Croufar, a Geneve
743.* - - - *24 s.*
——— *d'un Medecin sur la maledie de
l'Empire Allemand & sur la Remedes pour sa
Guerison, br.* - - *5 s.*
——— *Lora'es de l'Empereur Marc-Anto-
nin, avec des Remarques de Mr. Dacier, 8
a Amst. 1707. rel.* - - *40 s.*
——— *sur les Aaires des Dissidens Pologne anec une Exposition des Droits des Dissidens, fr & Allem. 4 a Wars. 1767.* - *50 s.*
Reine (la) de Golconde, conte 8 a Paris 1760.
2 s
*Religion (la veritable) unique dans son espece
universelle dans ses Principes, corrumpue,*

C 3

per

par les disputes des Theologiéns, 2 vol. 8 Ffort. 1757.   -   -   -   1 ecu.

Remarques sur le Militaire des Turcs & des Ruſſes, ovec des Plans par Mr. de Warnery. 8 a Breſl. 1771.   -   -   50 ſ.

Réponſe a l'Epitre du Diable par Voltaire, gr. 8. 1761.   -   -   -   5 ſ.

Republique (la) littéraire ou Description allégorique & critique des Sciences & des Arts, ouvrage poſthume de D. Raavedra, gr. 12. a Lausanne, 1770.   -   -   16 ſ.

Revolutions d'Ecoſſe & d'Irlande en 1707. 8, 9. 2 part. gr. 12 la Haye 1767 a - 1 ecu.

S

Samſon Opera par Voltaire, 8 1760. - 5 ſ.

Santé (de la) des gensde Lettres par Mr. Tiſſot, 2de edit. 8 a Lausanne 1769.   -   36 ſ.

Sara Th . . . nouv. trad. de l'Angl. gr. 12 a. Laus. 1766.   -   -   -   6 ſ.

Satyre de Petroue par Mr. Bois preaux, 2 tom. 8 a Lond. 1742. br.   -   -   1 ecu 20ſ.

Satyres de Mr. le Prince Cantemir, avec l'hiſtoire de ſa Vie, 8 a Lond. 749. - 1 ecu 20ſ.

Sauvage (le) hors de Condition, Tragedie Allegorico Barbaresque, 8 gr 1769.   -   6 ſ.

Secours (nouv. pour le Corps arrétés dans l'Oeſophage, ou de ſcript de 4 inſtrum. Chirurg par Venel, 12 a Laus. 1769. - 15 ſ.

Sermons ſur divers Textes de l'Ecriture Sainte par L. Caillard, 2 tom. 12 a Lausanne 1761

————— ſur divers textes de l'Enture ſainte par J. Saurin, 12 vol gr. 8 a Lauz. 176: - 12 ecus

————— préchés à la Miſſon Françoiſe d'Amſterdam

sterdam, avent gr. 12 a Bouillon 1770.
              40 f.

Siege (le) Calais, Tragedie par Mr. de Belloy
   gr. 8 a Neuch. 1755.   -   15 f.

Singularités (les) de la nature par Mr. de Voltaire, 12 a Geneve 1769.   -   24 f.

Sire (le) d'Aubigny, nouvelle hijtorique, 12 f.
   Amjt. 1700. rel.   -   12 f.

Soirée (la) de Village, divertijfement en un
   acte, en vers melées d'Ariettes, gr. 12 a
   Coppenh. 1769.   -   12 f.

Soldat (le) Parvenu ou Memoires & Avant.
   de Mr. de Verval, dit Bellerofe par Mr. le
   M. 2 tom. gr. 12 a Dresde 1762 - 1 ecu 15 f.

Songe (le) e'Jrus, ou le bonheur, conte en vers
   a J. J. Roujfeau juivi de Sylvejtre, conte
   en profe, gr. 8 a Par. 1770. br. - 45 f.

Sonnêts Chretiens fur divers fujets par Dre-
   lingcourt, a Amjt. 1741.   -   10 f.

Sophie ou le Triumphe des Graces fur la beauté
   2 part 12 a Lond 1770.   -   1 ecu 15 f.

Sophronie, ou Leçon pretendue d'une Mere a f.
   Fille par Mr. Benoirt, 8 a ffort 1769. - 18 f.

Soupirs (les) d'Eridue aux camps élifeés par
   l'Auteur de Garrick ou les Acteurs Anglois,
   8 a la Haye 1770.   -   -   40 f.

Spectacle de l'Homme malheureux, par les Ca-
   prices du fort, 2 tom 8 a Paris 1770.
   -   -   -   1 ecu 30 f.

Sympathie (la) des Ames, trad. libre de l'Allem.
   8 a Par 1768. br.   -   30 f.

Synode Florintin, contre Sixte IV en faveur de
   Laurent de Medicis & de fa Maifon au fujet

*de la Conſpiration de celle des Pazzi, gr. 8
lat. & fr. 1770. - - 15 ſ.
Syſteme du Moude, 8 a Bouillon 1770. - 30 ſ.*

T.

*Tableau Philoſophique du genre humain depuis
l'Origine du Monde jusqu'a Conſtantin, 3 part
trad. de l'Anglois 8 a Londres 1767. - 50 ſ.
Tableau Hiſtorique de l'Jnde, contenant un
Abrégé de la Mithologie & des moeurs Jn-
diennes &c. a fig. 12 a Bouillon 1771 - 1 ecu
Tacite, avec des notes politiques & hiſtoriques
par Amelot de la Houſſaye, avec les Discours
hiſtoriques, crit. & polit ſur Taute par M.
Gordon, 5 tom. enſamble 8 relié la Haye
1692. - - - 1 ecu.
Tactique (la) ou Discipline ſelon les nouveaux
Reglemens Pruſſiens 4eme edit. a fig. 2 tom.
8 a ffort 1770. - 1 ecu 50 ſ.
Temple (le) du bonneur, ou Recuil des plus ex-
cellens Traites ſur la bonneur, des Meilleurs
Auteurs Anciens & mod extr. nouv. ed. corr.
4 vol. gr 12 a Bouillon 1770. - 3 ecus
45 ſ.
Teſtament (le nouveau) trad. par Beauſobre &
lenfant frans unt duits, gr. 8 Wezel 1746
50 ſ.
———— (nouveau & dernier) politique de
Mr. de Voltaire gr. 8 Geneve 1771. - 18 ſ.
Theatre de P. Corneille, avec des Commentri-
res, & autres morceaux intereſſans par de
Voltaire avec 35 fig. tres jolie 12 vol. gr. 8
a Geneve 1765. - - 12 ecus 50 ſ.*
Toi-

Toilete (la) *de Flore, ou essai sur les plantes & les fleurs qui peuvent servir d'Ornement aux Dames, concernant les differentes manieres de prépares les Essences, Pommades rougea, poudres eaux de sent: au quel on r ajouté differantes reçettes pour en lever toutes sortes de taches sur le linge & sur les Etaftes, ouvrage utile aux Parfumeurs Baigneurs & au personnes chargés de la direction de la Toilette par Mr Buchoz,* 2 part in 12 *a Paris* 1771. - - - 1 *ecu.*

Traduction du Poëme de Jean Plokof sur les Affaires presentes II. *nouv. Requeste par les Habitans en Franche Comte,* 8 1770. - 3 *f.*

Traité sur l'Education morale, ouvrage qui a remporte le prix 1765 *par Mr. Formey,* 8 *a Strats.* 1767. - - - 45 *f.*

— — *complett de Theologie speculative & pratique par Mr. T. H. Stackhouse,* 5 *vol gr.* 4 *a Laus.* 1742. - - 10 *ecus*

— — *de la Castrametation & de la Défense des places fortes, avec des planches par M. de Fallois. gr.* 8 *a Berlin* 1771. - 2 *ecus.*

— — *des Delits & des Peines, trad de l'Italien de Mr. Beccaria, avec le Comment. gr.* 12 1766. - - - 35 *f.*

— — *de la Maladie vénérienne par Mr. Ucay* 8 *a Paris* 1702 *rel.* - - 15 *f.*

— — *sur la Tolerance par Mr. de Voltaire, gr. in* 12. - - - 25 *f.*

— — *des Lescons de la Tête, par contre coup & des Consequences pratiques par Mr. Dupre de lisle gr.* 12 *a Paris* 1770 - 26 *f*

— — *de l'Appopléxie paralyssie & autres af-*

C 5

fecti-

fections soporeuses, développées par l'Experience par Mr. Marquet, gr. 12 a Paris 1770
35 f.
Traité des Maladies de la Poitrine, connues sous le nom de Phitisie pulmonaire par Mr. Dupr. de lisle, gr. 12 a Paris 1769. - 1 ecus

—— de la Vérole & de toutes les Maladies vénériennes par Mr. Coste jun: nouv. ed. 8 a Berlin 1769. - - - 24 f.

—— de l'Infini créé, avec l'Explication de la possibilité de la Transubstantiation Traité dela Confession & de la Communion, par le Pére Malebranche, 12 a Amst. 1769. - 45 f.

V.

Variétes d'un Philosophe Provinciale, 12 a Par. 1757. - - - - 1 ecus.
Viciffitudes (les) de la fortune ou Cours de morale mis en action pour servir a l'Histoire de l'Humanite, 2 vol. in 12. a Paris 1771. - - - 1 ecu 50 f.
Vie (la) de Marianne, ou les Avantures de Madame la Comteffe de * * * par Marivaux, 4 vol. 12 Paris 1755. - 3 ecus 20 f.
—— de Gusman d'Afarache, 3 vol. a fig. gr. 12 a Amst. 1744. - 3 ecus 20 f.
—— de Jean Baptist Colbert, Ministre d'Etat, 12 a Cologne 1696. - 5 f.
—— & les Avantures surprenantes de Robinson Crusoe, trad. de l'Anglois, a fig. 3 vol. gr. 12 a Amst. 1770 - 3 ecus.
—— de Mr. de Moliere, 12 Par. 1705 - 12 f.
Voyage autour du Monde, fait dans les An-
néas

nées 1740, 41, 42, 43 & 1744. par George Anson, Commandant en Chef d'une Escadre Anglois envoyée dans la Mer du Sud, publiée par R. Walter, orné de Cartes & de figures en taille douce trad. de l'Angl. gr. 4 a Geneve 1750. relié. - 5 ecus 30 f.
Voyage de Mrs. Chapelle & Bachaumont, 12 1750 - - - 56 f.
—————— (nouveau) au tour du Monde par Mr. le Gentil, avec des jol. fig. & Pl. 3 vol. gr. 12 Amst. 1728. - 2 ecus 36 f.
—————— du Chevalier des Marchais en Guinée, Isles voisines & a Cayenne, a fig. 4 vol. gr 12 ib. 1731. - - - 5 ecus 30 f.
—————— de Fontaine bleau, 12 Par. 1680 - 6 f
Vrai (le) Philosophe, ou l'Usage de la Philosophie, relativement a la société civile, a la verité & a la vertu, 8 Amst. 1766. - 45 f.

W.

Wolffienne (la belle) 6 part. 8 a la Haye 1760. 4 ecus 20 f.

Z.

Zingha Reine d'Argola, Histoire Africaine, seconde ed. corr. & aug. par Mr. L. Castilhon, 8 2 part a Bouillon 1770. - 50 f.

❋ ❋ ❋

Lettre de Mr. Nicolini a Mr. Françouloni, Procurateur de St. Marc. trad. de l'Italien, gr. 8 a Cologne 1771. - 8 f.
Ob-

Observations sur le Livre intitulée Systeme de la de la nature par Mr. J. de Castillon, gr. 8 a Berlin 1771. - - 1 ecu 40 f.
NB. *Le Systeme de la nature meme j'Attends dans peu du Tems il se vend.* - a 3 ecus 30 f.

✳ ✳ ✳

Livres Italiens.

Antonini Italienische Grammatick, gr. Dresde 1771. - - - - 1 ecu.
Avanture (le) Telemaco per Fenelon, di Annotationi tedesche da G. A. d'Ehreureeih, 8. Stuc. 1757. - - 1 ecu 12 f.
Il Cellareo Italiana oder Kurzgef Italienisch-Woerterbuch, 8 Stuttg. 17,6. - 50 f.
Harnassa del Cardinal Delfino, 8 Utr. 1730. - - - 1 ecu 15 f.
Viaggi d'Italio dichierati per Alcune Carte da Viaggiare con Osservazioni prese da Moderni Viaggiatori, 8 in Aug. 1771. - 50 f.

✳ ✳ ✳

Livres Anglois, la plus part reliés.

Adventures (the) of Telemachus, the son of Ulysses, with the Adventures of Arissonous 8. Jena 1767. - 12 thr. 20 fd.
—————— *(the) of Arissonous* Engl. und Teutsch 8 Frfrt. 1768. - 10 fd.
Arnolds (C) Englische Grammatick, vierte auflage gr. 8 Leipzig 1768. - 54 fd.

Art

Art (the) of surgery by Turner, vol 1 Land.
1729. - - - 30 f.
Boetius (A. M. S) of the Consolation of Philosophy, 8 Lond. 1710. - 35 f.
Enhlich (the Cellarius or a Dictionary englich und german. 8 Hildburgch 1768. - 6 fd.
Effai (a Physical) on the senses by M. le Cat. fig. 8 Lond. 1750. - - 56 f.
Effays (Physical) on the parts of the Human Body and Animal Oeconomy, gr. 8 Lond. 1734. - - - - 1 ecu.
Examination (a brief) of the rev Mr. Warbuton's divine legation of Moses, gr. 8. Lond. 1752. - - - 1 ecu.
Hallers (D. A.) Physiology being a course of Lectures upon the Visceral and visal Oeconomy of puman bodies, 2 vol. gr. 8 Lond. 1754. - - 2 ecus 50 f.
History (the Polifical) of the Deuil, 8 Lond. 1754. - - - 50 f.
Journey (a) to the world under-ground by Nicholas Klimm, 8 1746. - 25 f.
Ladces (the) Tales exemplified in the vertues and Vues of the quality With reflections, 8 Aftl. 1714. - - - - 30 f.
Leonidas a Poem. 8 Leipzig 1766 - 54 fd.
Mafter (the Iulian) ar. the beft method for attaining that Language by Veneroni, 8 Lond. 1729. - - - 26 f.
Paradife loff a poem in twelve books by John Milton, 12 Land 1768. - 1 ecu 5 f.
Physic (the General practice of) extracted from the Writings of the moff celeb, pr. Physi-

cains

cains by R. Brookes, 2 *vol. Lond.* 1754.
    —   —   —   1 *ecu* 20 *f.*

Plntarch's lives, tranflated iu eigt vol. C. fig.
  12 *Lond* 1749.   —   —   7 *ecus*

Poems on feveral occafions by M. Prior, 2 *vol.*
  8 *Aberdeen* 1754.   —   1 *ecu* 50 *f.*

*Roman (the) Empreffes or the Hiftory af the
lives and fecret Intrigues of the wives of
the twelve Cæfars,* 3 *vol.* 8 *Lond.* 1752.
    —   —   —   3 *ecus* 30 *f.*

*Works (the) of Alexander Pope, Esq. in ten vo-
lumes complete, with his laft correct addit.
improvements &c. com and not. of Mr.
Warburtou,* 8 *Berlin* 1762-64. - 9 *rthlr* 50 *f.*

✳   ✳   ✳

Regni Poloniæ magni Ducatus Lithuaniæ no-
va Mappa Geographica oder des H. Con-
siftorial-Rath Busching groffe Charte von Po-
len / auf 16 illum blatter Koenigsberg / 1770.
bey Kanter.   —   a 18. Reichfthaler.

✳   ✳   ✳

Plan de la Ville de Laufanne en fuiffe, gr. fol.
    —   —   —   36 *f.*

NEDERDUITSCHE BOEKEN

gebonden of ingenaait.

Aanmerkelyk Hystorisch verhaal van de Inqui-
sitie der Portugiezen te Goa/ en andere Ge-
westen van Oost-Indien/ 8 Middelb. 1688
- - - - 30 st

Aanmerkingen (hist: en polit.) over de Staats-
belangen en den Koophandel in Europa/ 8.
Amst. 1707. - - - 25 st.

Amelia of de Rampspoedige Deugd/ beschr. door
d' Heer Fielding uyt het Engl. 3 deelen 8
Amst. 1758 - - - 2 ryksd.

Brieven van een voornaam Lord op de naam
van Cato geschreven / over de Zuid-Zee Com-
pagnie / 8 Delft 1722. - 40 st.

Genealogie of Stamlyst van de Koningl. Pruis-
sese Armee/ 4 1757. - - 10 st.

Geschiedenis der Heedendaagsche Duivels/ 8.
Nym. 1764. - - 25 st.

Gedrag (het) van den Hertog van Ormond in
den Veldtogt van 't Jaar 1712. 8 Amst 1715.
- - - - 10 st.

Geldersche (de) volmaakte Keukemeid/ 8. Nym.
1768. - - 1 ryrd. 25 st.

Hystorie (de) van de Slaapmuts of het vermake-
lyke Houwelyks Doolhof/ 8 Hage - 10 st.

Het leven van den Partyganger Meyer/ 8.
Hage 1759. - - 18 st.

Man (de) van Fortuin of gevallen van den
Marquis S. 8 Amst. 1760. - 28 st.

Ma-

Marianne of de worstelende Deugd / 2 deelen
   8 Hage 1760. - - 1 rxdl.
Moses Mendelssohn onderzoek der Zedelyke
   gevoelens / 8 gr. Utr. 1769. - 25 sd.
O! Jan Brugmeelen! iets raars! 8 Hage
   - - - 20 sd.
Petsch nodig en zeedig Berigt wegens Moses
   Mendelssohn onderzoek der Zedelyke gevoelens / gr. Utr. 1769. - 8 sd.
Redenvoering over de zelfs liefde / gesprooken in
   de Koninglyke Academie te Berlyn uitgegeven
   door zyne Majesteit den Koning / gr. 8 Amst.
   1770. - - 6 sd.
Reitz eenige honderd Themata / geschikt na den
   syntaxis / 8 Utr. 1768. - 1 rxd. 15 sd.
Reys (Land en Water) gedaan door H. Is-
   brand na China &c. 8 Tyel 1699. - 30 sd.
Scholtens Overdenkingen en Gebeden / 8 Zutph
   1767. - - 38 s.
————— weg des leevens 8 ib 1756. - 18 sd.
Verhaal van de dood van de Heer Rochette / 8
   Hage 1762. - 6 sd.
Den eerlyke Zweed / 8 ib. 1751. - 36 sd.

Ook vind men.

Kramers (M.) hoog en Nederduitsche Grammatick 8 Leipzig 1761. - 25 sd.
Ejardem hoog en en Nederduitsch groot Woor-
   denboek 2 deelen gr. 8 ib. 1759. - 4 rxd.

F I N I S

www.ingramcontent.com/pod-product-compliance
Lightning Source LLC
Chambersburg PA
CBHW051722050726
47598CB00003B/1006